I0696920

Lic. Melina N. Gancedo

Lo que los adolescentes quieren saber

sobre el consumo de drogas

Índice

Introducción

El consumo de sustancias es una conducta cada vez más naturalizada y aceptada socialmente. Cuanto antes se inicia el consumo, es mayor la probabilidad de padecer problemas vinculados al consumo e incluso de generar una adicción.

Consumir sustancias es un acto que puede comenzar sin problemas o sin consecuencias negativas aparentes. Sin embargo, como veremos en este libro, existen diferentes formas de consumir, diferentes efectos y diferentes consecuencias.

Los adolescentes, en esta era de la hiperinformación y estimulación constante, reciben todo tipo de ideas, mensajes y discursos sobre el consumo de sustancias. Cuestionar informaciones, mitos y prejuicios es un primer paso necesario a la hora de generar un pensamiento adolescente crítico y tomar decisiones a conciencia.

Las preguntas que se abordan en este libro son consultas recurrentes que nos conducen a resaltar la importancia de la búsqueda de información y de conocimiento propio por parte de los adolescentes.
Sin información es difícil tomar decisiones, si no imposible.

Con este libro pretendemos acercar información a los adolescentes y sus familias para que puedan tomar la decisión que consideren más saludable respecto al consumo de sustancias.

Preguntas

¿Qué es una adicción?

Una adicción es un problema de salud que implica una relación de dependencia hacia una droga o una conducta y la vida de la persona que la padece queda afectada en todas sus áreas, es decir que tiene consecuencias a nivel físico, mental, laboral, educativo, familiar, social, legal, etc.

Antes, las adicciones eran vinculadas directamente con la delincuencia. En lo que respecta a las leyes y a los derechos, tenemos en Argentina la ley de tenencia y tráfico de estupefacientes, número 23.737, (1989) que sigue vigente al día de hoy, no con todo su peso, ya que antes se penalizaba al consumidor, equiparándolo con un delincuente, pero se produjeron fallos que ayudaron a repensar esta cuestión.

Hoy se puede ver a la adicción como un complejo problema de salud, y no como un capricho o simple vicio, o como sinónimo de delincuencia.

Las adicciones se abordan dentro de las políticas de salud y por eso se vinculan al derecho a la salud: las personas con problemas de adicciones deben ser tratadas en establecimientos de salud y las obras sociales deben hacerse cargo de cubrir los tratamientos de adicción.

El tratamiento de adicciones bajo la modalidad de internación es considerada como un último recurso, cuando hay riesgo para sí y para terceros, se desarrolla durante el menor tiempo posible y el alta queda a criterio del equipo de salud, según la evolución del paciente.

¿Todo consumo es un problema?

Existe un mito o un prejuicio respecto a que todo consumo mata o que la droga mata. Muchas veces hemos escuchado esto y sin embargo, lejos de ser una ayuda a la prevención, puede llegar a ser contraproducente, porque no es verdad que toda droga o todo consumo mate y los adolescentes al ver que no es verdad, empiezan a desconfiar de ese discurso que dice que la droga mata.

Entonces, observa a un amigo, a un familiar que consume y que en teoría no le pasa nada o no visibiliza un problema, y puede creer que los discursos antidrogas son exagerados o mentirosos.

Ante la pregunta acerca de si todo consumo es un problema, debemos saber que no, no todo consumo es un problema pero es importante primero diferenciar tres formas de relacionarse con las sustancias, tres formas de consumir:

1) Uso simple
2) Uso abusivo ocasional
3) Adicción o dependencia.

1) El uso simple es el uso moderado, que no tiene consecuencias negativas. Por ejemplo, una persona elige beber una cantidad de alcohol que no le representa un problema, no tiene adicción, no tiene dependencia, no tiene necesidad. Si hay alcohol, bebe y si no hay alcohol, no pasa nada, no necesita beber para estar bien o divertirse.

2) El uso abusivo ocasional no necesariamente es una adicción. Refiere a cuando una persona toma en exceso ocasionalmente y puede hacer un papelón o tener un accidente por haber bebido de más. No es adicción porque no se enmarca en un contexto de dependencia y necesidad, pero aunque sea una vez es con la característica de lo excesivo. Hay un abuso de ese consumo y puede llegar a tener problemas, un accidente, un conflicto, una pelea porque ya ha consumido de tal manera que pierde el control, se torna más impulsivo, con menos posibilidad de pensar, de racionalizar. Este tipo de consumo puede ser un problema u ocasionar problemas.

3) Adicción o dependencia. Aquí se presenta la necesidad. La persona organiza toda su vida en torno al consumo. Si no consume se siente mal y aunque logre identificar consecuencias negativas de ese consumo necesita consumir. El cuerpo y la mente se lo piden, y si bien ya observó que le trae muchos problemas, continúa consumiendo porque ya se ha constituido en un grave problema.

Entonces, el consumo problemático de sustancias es la adicción y el uso excesivo aunque sea ocasional, aunque sea una vez al año, por ejemplo, para festejar fin de año.

Pero también hay que hacer una salvedad en esta distinción, porque una cosa es consumir moderadamente alcohol o incluso marihuana que está cada vez más popularizada y aceptada socialmente. No es lo mismo una persona que fuma una vez por semana, una vez al mes o varias veces al año que la persona que consume todos los días marihuana.

Más allá de eso, la distinción que quiero hacer es con aquellas drogas conocidas como drogas duras o fuertes. Un uso SIMPLE de cocaína o paco, o incluso, podríamos incluir pastillas de diseño, puede ser un gran problema.

Hay personas que quizás prueban por primera vez la cocaína y el efecto es tan fuerte o su organismo tiene algo de forma preexistente que hace que los efectos de la cocaína desencadenen un grave problema de salud.

Entonces, hay que tener en cuenta eso, no todo consumo es un problema, pero hay que poder diferenciar entre diferentes drogas con diferentes efectos.

¿Cuándo se da una sobredosis?

Las sobredosis se pueden dar en lo que llamamos uso abusivo o adicción.

La palabra sobredosis nos dice que el cuerpo ha ingerido una cantidad excesiva de droga o alcohol, una cantidad mayor a la que puede asimilar y procesar y esto va a depender del organismo de cada persona. Porque si tenemos dos personas que consumen la misma cantidad excesiva de una sustancia, no necesariamente los dos van a tener una sobredosis, porque tiene que ver con la capacidad y la tolerancia que tenga un cuerpo y para cada persona esa cantidad va a ser diferente.

¿Por qué nos enganchamos con las drogas y por qué nos cuesta salir después?

Frente a esta pregunta, nos podríamos repreguntar ¿cuáles son las causas del consumo? ¿Qué busca el adolescente a la hora de iniciar su consumo?

Primero, debemos tener en cuenta la parte biológica o física. Las drogas o el alcohol al ser ingeridos producen sensación de placer y de satisfacción. Un placer temporal, momentáneo, una gratificación inmediata. Luego, ese efecto se va y llega el bajón.

Pero en principio genera esa peligrosa sensación de euforia, de alegría exagerada.

En segundo lugar, debemos considerar también el aspecto psicológico: el consumo de sustancias tiene una función en cada persona.

Nos podemos preguntar qué busca el adolescente a la hora de iniciar su consumo.

¿Busca pertenecer a un grupo? ¿Busca dejar de sentirse excluido?
¿El adolescente considera que la sustancia es el vehículo que lo lleva a relacionarse con determinado grupo social?
¿Tiene baja autoestima y "descubrió" que tomando alcohol o cualquier otra droga se siente más sociable, más desinhibido?
¿Se siente menos angustiado?

Popularmente, hemos escuchado la frase "ahogar las penas", está en el imaginario social la idea errónea y peligrosa de que "estoy triste, entonces tomo alcohol/drogas" y, por otro lado, está la idea opuesta. El consumo de sustancias vinculado directamente al festejo y la diversión. "Estoy contento, hay que brindar".

El problema es que cuando hay enganche es porque hay un apego hacia esa sustancia, a la cual se le da un PODER y por eso es que las personas se enganchan a las drogas, porque primero generan placer, cumplen una función que no es una solución de verdad, pero así se lo piensa.

Además de hablar de aspectos físicos y psicológicos a la hora de entender el enganche a las sustancias, los factores socioculturales o familiares también cumplen un rol importante.

No sucede lo mismo con una persona que está en un entorno donde no tiene acceso a ninguna sustancia, que en otro entorno donde se le faciliten las sustancias o no se las prohíba. Entonces, en el acceso y enganche a las sustancias también va a influir el contexto familiar, social y cultural.

¿Por qué cuesta dejar las drogas?

Porque parece ser más fácil "resolver" a corto plazo un problema, porque se le adjudica a las drogas y al alcohol un poder: ser solución, un camino, un salvataje, un alivio y además porque cuando hablamos de un enganche fuerte ya es algo sostenido en el tiempo, ya se va desarrollando esta necesidad de: "si voy a salir, tengo que tomar sí o sí, tengo que estar borracho para encarar a alguien o para ir a bailar".

Incluso, hay personas que tienen que fumarse un cigarrillo de marihuana a la mañana para sentirse de buen humor, porque ya se generó una relación de dependencia hacia la sustancia.

Entonces, por un lado, la DEPENDENCIA a cualquier sustancia hace que este enganche se vaya solidificando, fortaleciendo cada vez más y que sea muy difícil de ponerle un corte, un límite.

Además, también aparece la ABSTINENCIA: luego de ese placer sentido con el consumo, al no consumir hay una necesidad de volver al estado anterior de supuesto placer. Se experimenta nerviosismo, irritabilidad, ansiedad, sensaciones muy desagradables, por eso se está pensando ya en cuándo va a ser la próxima vez que se consuma para salir de este estado de abstinencia.

Otra razón por la que cuesta dejar las drogas es el proceso de la COMPULSION: aunque la persona ya comprendió que la forma en la que está consumiendo le está generando consecuencias negativas, no puede parar o se le hace muy difícil frenar porque hay un mecanismo, un proceso que se denomina compulsión, que hace que la persona necesite de forma desesperada ir a consumir. Estamos hablando de consumo de sustancias, pero también pasa con la dependencia emocional, es decir, "esta persona me hace daño pero necesito verlo, necesito llamarlo, necesito que me mande un mensaje".

Lo mismo ocurre con el bingo en la ludopatía o con las compras compulsivas, porque aunque la persona sabe que no tiene que jugar o hacer esas compras, no se puede poner un freno.

Entonces, para resumir la DEPENDENCIA a nivel cuerpo y mente, la ABSTINENCIA y la COMPULSIÓN son los procesos que hacen tan difícil poner un freno a ese enganche.

¿Qué pasa si mezclo marihuana y alcohol?

El alcohol es una sustancia depresora del sistema nervioso central, es decir que si bien el primer efecto es de desinhibición y de excitación psicomotriz, su verdadero efecto es de depresión, el famoso bajón.

La marihuana puede tener también un efecto depresor, pero además puede tener efecto estimulante y también producir alucinaciones.

Entonces, una de las posibilidades que se puede dar cuando se mezcla marihuana y alcohol es que el efecto depresor del alcohol se potencia con el efecto depresor de la marihuana, disminuyendo la frecuencia cardíaca y respiratoria, se pueden producir desmayos, mareos, tener alteración en la memoria, en la atención, en la coordinación psicomotriz y protagonizar accidentes.

¿Qué es la cocaína rosa?

La cocaína rosa es la manera en la que se conoce a una droga llamada tusi. Se denomina de esta manera por uno de los formatos en los que se presenta el tusi que es en forma de polvo, como lo es la cocaína y también por su efecto estimulante.

Sin embargo, el tusi es una sustancia compuesta por diversas otras drogas como puede ser éxtasis, LCD y ketamina. Podría llegar a incluir en su preparado final cocaína, sin embargo no necesariamente la contiene.

Sus efectos son sensación de euforia, distorsión de la realidad, alteración del sistema nervioso central, del humor, del estado de ánimo, incluso puede producir ansiedad y paranoia.

¿Puedo consumir sólo
los fines de semana?
Todos mis amigos
consumen pero no
quiero hacerme adicta

Para responder esta pregunta debemos tener en cuenta los diferentes usos que se realizan de las sustancias que ya hemos analizado.

El uso simple es una forma de vincularse con las sustancias muy distinto al uso abusivo o adicción. Sin embargo, no es lo mismo un uso simple de bebida alcohólica (desde ya no lo aconsejamos) que un uso simple de cocaína, el cual aunque sea simple, puede producir grandes daños al consumidor.

Entonces, para responder la primera parte de la pregunta, no es aconsejable consumir sustancias y si se va a hacer solo los fines de semana, dependiendo de la droga en cuestión, debería ser de forma moderada, controlada con cuidados. La segunda parte de la pregunta habla de los amigos. En este punto podemos hablar de la presión de pares o la presión social que puede llegar a hacer que una persona que no quiere consumir y no tiene la fortaleza suficiente o la capacidad de toma de decisión para hacer algo distinto a sus amigos, termine consumiendo.

Sin embargo, es muy importante aclarar que no querer drogarse no es sinónimo de débil, de infantil o de aburrido. Muy por el contrario, no drogarse dentro de un grupo de amigos que sí lo hacen, habla respecto a la seguridad personal, a una fuerte autoestima, a no dejarse llevar por las presiones de otros y a entender que debe respetar lo que siente y desea hacer y que no necesita las drogas para nada.

Aunque todos los amigos consuman, si esta persona no quiere consumir, no tiene por qué hacerlo. De hecho, trabajamos día a día para que las personas entiendan que no necesitan de las drogas para nada.

Por último, una persona que sólo consuma los fines de semana, no necesariamente se hará adicta. Para ello, tendrán que desarrollarse una serie de factores psicológicos, biológicos, familiares, culturales, que favorezcan el desarrollo de una adicción. De todas maneras, desaconsejamos cualquier consumo de sustancias.

¿Es mejor la droga que el alcohol?

En primer lugar, vamos a desarrollar ambos conceptos. Se denomina droga a aquella sustancia que al ser incorporada en el organismo produce la alteración del sistema nervioso central, de la conciencia, del estado de ánimo, del humor, de la atención, de la memoria. Por lo tanto, teniendo en cuenta esta definición, el alcohol también es una droga.

Entendiendo que esta pregunta refiere a droga como marihuana, cocaína y otras sustancias que no son las bebidas alcohólicas, podemos decir que la respuesta es no.

Últimamente hay un mensaje a nivel social de que la marihuana es sana, que ayuda a relajar, a inspirarse y que además tiene componentes medicinales. Esto puede hacer creer que no tiene consecuencias negativas para la salud física y mental de su consumidor.

Sin embargo, la marihuana también produce problemas respiratorios como el tabaco, altera el estado de conciencia, puede producir alucinaciones, afecta los procesos cognitivos como la memoria, produce el síndrome amotivacional que implica que la persona pierda interés y ganas de estudiar, de trabajar.

Cualquier droga es perjudicial, y aquí podríamos preguntarnos acerca de los medicamentos, que también son drogas. En este caso, hay que decir que los medicamentos son drogas que están enmarcadas en un acto saludable, siempre y cuando sean recetados por un médico y en contexto de un tratamiento para mejorar la salud y la calidad de vida de la persona.

Y en este punto podemos hablar no sólo de los analgésicos, sino también de los ansiolíticos. No es lo mismo tomar ansiolíticos bajo receta médica para un tratamiento psicofarmacológico de un problema de salud, que tomarlos de forma automedicada, sin ningún tratamiento que explique el consumo de ese medicamento, su dosis y su frecuencia de consumo.

¿Puedo tomar una pastilla, aunque sea una vez al año, sin tener consecuencias?

Entendemos que esta pregunta hace referencia a pastillas como, por ejemplo, éxtasis, tomadas de forma ocasional por lo general en determinadas fiestas.

Consecuencias siempre va a haber, porque al tomar una pastilla, aunque sea de forma esporádica, estamos generando modificaciones en nuestro organismo y en nuestro comportamiento.

Entonces, aunque sea de forma ocasional, la ingesta de pastillas puede generar consecuencias. Estas van a variar según qué tipo de pastilla sea, qué componentes la integren y cuál es el estado del organismo que la consume.

Hay personas que consumen por primera vez una pastilla de éxtasis (quizás esté adulterada y tenga otros componentes) la cual puede producir un grave cuadro de deshidratación, descompensación, desmayos, hasta incluso problemas cardíacos.

Por lo tanto, es importante comprender que siempre que se ingiera una pastilla puede haber consecuencias.

En este sentido, es que se insiste con la política de reducción de riesgos y daños con el análisis o el testeo de las pastillas antes de ser consumidas. Por eso, en muchas fiestas, hay personas encargadas de analizar el contenido de esas pastillas para indicarle al consumidor lo que va a consumir.

Esta política de reducción de riesgos y daños asume que la persona va a consumir sí o sí, por lo tanto busca la manera de brindar condiciones "aptas" para el consumo.

De todas maneras, si la pastilla que dice ser de éxtasis es de éxtasis aunque el consumidor la incorpora a su organismo sabiendo con certeza que se trata de éxtasis, esto no evita las consecuencias que una pastilla de este tipo puede generar en el organismo.

Desde aquí, apuntamos a que las personas no necesiten ninguna sustancia para nada, ni para divertirse, ni para bailar mejor o más, ni para ser más sociables.

Apuntamos a trabajar los recursos propios de la persona, para que no piense que necesita de una ayuda extra para sentirse mejor consigo mismo o divertirse más.

¿La marihuana puede producir un "mal viaje"?

Se conoce como "mal viaje" al conjunto de consecuencias negativas que se pueden dar luego de un consumo de sustancias. Por ello, la marihuana puede producir un mal viaje.

Como hemos dicho anteriormente, la marihuana tiene tres efectos: los opuestos, deprimir o estimular el sistema nervioso central y producir alucinaciones. Incluso, hay personas que han tenido ataques de pánico al consumir marihuana, sienten que los persiguen, tienen mucho miedo, sienten la paranoia que se suele sentir con el consumo de cocaína.

También pueden verse alterados los sentidos, la atención, la memoria, la coordinación psicomotriz y la noción del estado de su propio cuerpo.

¿Hay alguna droga que pueda consumir y no haga mal?

Esta pregunta es muy difícil de responder porque no podemos garantizar que una sustancia no va a ser efecto negativo.

Como ya dijimos, toda sustancia altera al organismo y no podemos saber de antemano si esa sustancia no va a traer efectos que dañen al cuerpo.

Por lo tanto, repetimos una vez más, desaconsejamos el consumo de cualquier sustancia psicoactiva. Y, si el consumo se va a llevar adelante de todas maneras, que sea a conciencia y de forma moderada.

¿Qué puedo hacer el día
siguiente para
contrarrestar los efectos
de una droga que tomé
la noche anterior?

Las acciones van a depender de cuáles sean los efectos que una droga generó.

Puede bastar con descansar, hidratarse, realizar acciones de autocuidado que relajen la mente y el cuerpo y si los efectos son preocupantes no dudar en pedir ayuda.

Quizás por vergüenza o miedo al qué dirán no se pide la ayuda a tiempo. Sin embargo, es importante preservar el estado de salud y el bienestar. Si los efectos persisten y generan malestar, se debe pedir ayuda y si se considera necesario acudir a un centro de salud.

¿Qué hago si un amigo consumió y se descompensa?

En primer lugar, intentar mantener la mayor calma posible, comprender que lo que está sucediendo es producto de la ingesta que ha realizado y si no se recupera rápidamente, de forma inmediata pedir ayuda, ya sea a adultos responsables que estén cerca, al 911 o al número de emergencia que corresponda.
Es muy importante accionar a tiempo.

Luego de esto, una vez que el amigo se ha recuperado físicamente es fundamental que analice lo sucedido, que no siga adelante como si no hubiera pasado nada. Es importante que se haga responsable de su salud y de su integridad física y mental, para evitar volver a vivir este tipo de experiencia por consumo de sustancias.

¿Qué hago si todos mis amigos consumen y yo no quiero pero me dicen que lo haga?

Esta es una pregunta muy recurrente y muy importante, porque la presión de pares es más común de lo que creemos.

Como está naturalizado el consumo de sustancias, se cree que es normal que los jóvenes consuman y al que no consume se lo percibe como raro, distinto en un sentido negativo. Y si los amigos exigen que una persona haga algo que no quiere, significa que no están respetando su deseo y su decisión.

Entonces, nos podríamos preguntar si realmente son amigos. Y probablemente sí sean amigos, que simplemente han naturalizado el consumo sin malas intenciones y no pueden entender cómo su otro amigo no hace lo mismo que ellos. En este caso, es importante un cambio a nivel grupal.

Por un lado, que aquellos que consumen respeten la decisión contraria, respeten a la persona que tiene una decisión distinta, que elige otra forma de divertirse, de salir por las noches o en el momento que sea que se consume.

Y respecto al joven que se siente exigido y presionado por sus amigos para que haga algo que no quiere hacer, es importante que trabaje en seguir fortaleciendo su autoestima, que hasta ahora ha logrado mantener firme, sosteniendo su decisión de no consumir. Debe entender que no está mal lo que hace, que no es aburrido ni anticuado o desubicado por elegir no consumir. Al contrario, es alguien que se sabe escuchar y sabe entender lo que realmente quiere hacer y no se deja llevar por las presiones de otros.

Entonces, ¿qué hacer si todos tus amigos consumen y no quieres pero te exigen que lo hagas? Simplemente sigue diciendo que no y si tus amigos eligen excluirte o marginarte o burlarse por elegir no consumir, estará en tu decisión continuar o no con ese grupo de personas pero no permitas que nadie vulnere o desvalorice tu autoestima o tu toma de decisión.

¿Cómo puedo ayudar a un amigo o familiar que está muy mal por el consumo de alguna droga?

En primer lugar, puedes hablar con esta persona indicándole tu preocupación al respecto, con hechos concretos de situaciones determinadas para que la persona pueda visibilizarlo y tomar una mejor conciencia. Esto debe hacerse cuando la persona esté sobria y con posibilidad de dialogar.

Por ejemplo, si la semana pasada bebió alcohol de más e inició una pelea, insultó a gritos a una persona o hizo un papelón, se le puede ayudar a recordar ese episodio y si no lo recuerda poder contárselo para que ese hecho tenga repercusiones en su vida y pueda responsabilizarse y entender que está teniendo un problema con el consumo de sustancias.

Para que la persona quiera iniciar un cambio, primero tiene que darse cuenta y aceptar que está teniendo una conducta problemática con el consumo. Mientras no lo haga, no hay cambio posible. Primero, se debe intentar hablar con la persona para ver qué registro tiene de su forma de consumir y de los problemas que este ya le acarrea.

En segundo lugar, si la persona no acepta el problema o no quiere hablar al respecto, se puede pedir ayuda a otras personas del grupo de amigos o del grupo familiar. Es importante buscar apoyo en otros seres queridos e informarse respecto al consumo de sustancias.

En tercer lugar, iniciar la búsqueda de centros de atención especializados en este tema para que primero se informen y orienten los amigos o familiares, tomen herramientas, aprendan sobre el consumo problemático de sustancias y con toda esa orientación volver a dirigirse a la persona consumidora para ayudarlo a entender que tiene un problema y que necesita ayuda.

Si el alcohol es malo,

¿por qué se puede tomar

todos los días? Los

médicos lo recomiendan

La idea de que tomar una copa de vino todos los días es un concepto que nació hace muchos años y que a día de hoy tiene vigencias.

Sin embargo, se basa en desinformaciones peligrosas, y ya desmentidas, que todavía siguen fomentando el consumo diario de vino.

Tomaré como referencia la siguiente imagen, actual, que difunde de forma alevosa y con total desinformación los "beneficios de tomar una copa de vino al día".

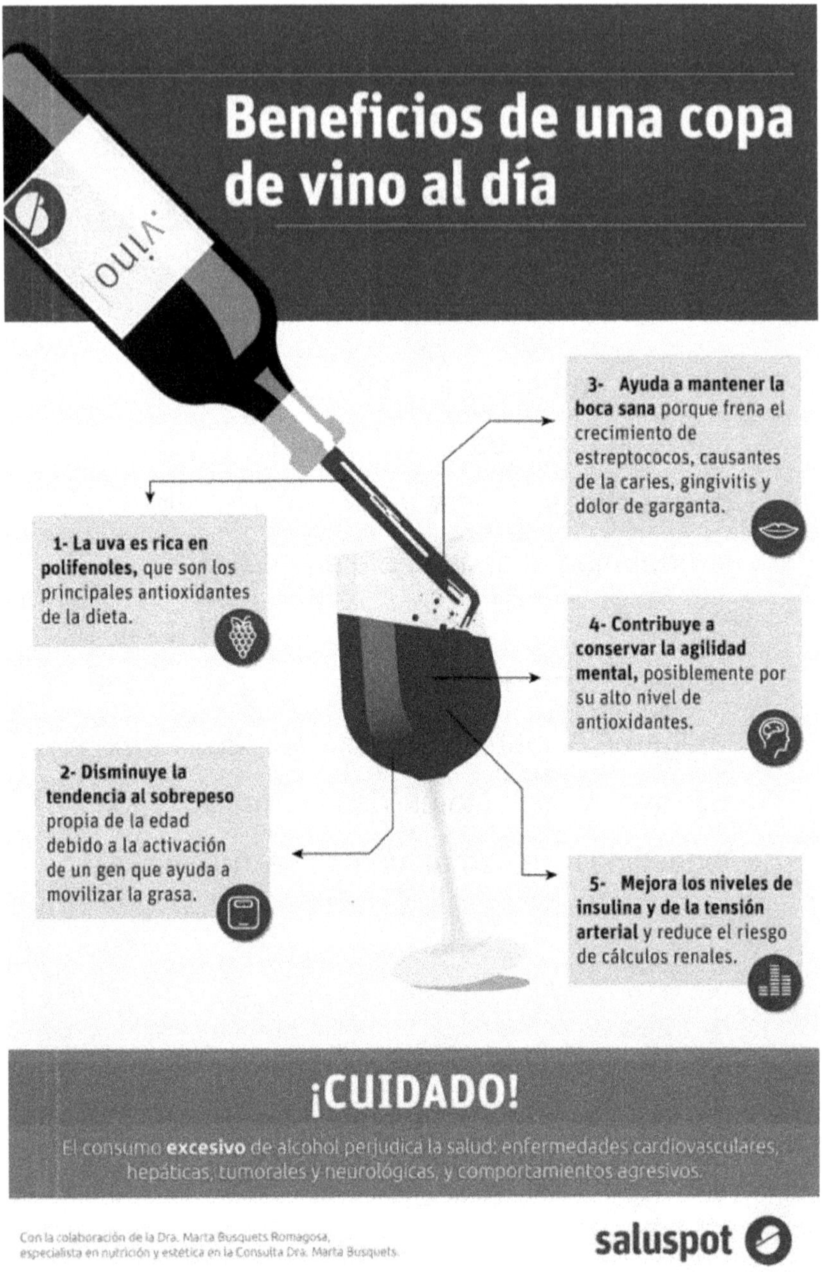

Beneficios de una copa de vino al día

1- La uva es rica en **polifenoles,** que son los principales antioxidantes de la dieta.

2- **Disminuye la tendencia al sobrepeso** propia de la edad debido a la activación de un gen que ayuda a movilizar la grasa.

3- **Ayuda a mantener la boca sana** porque frena el crecimiento de estreptococos, causantes de la caries, gingivitis y dolor de garganta.

4- **Contribuye a conservar la agilidad mental,** posiblemente por su alto nivel de antioxidantes.

5- **Mejora los niveles de insulina y de la tensión arterial** y reduce el riesgo de cálculos renales.

¡CUIDADO!

El consumo **excesivo** de alcohol perjudica la salud: enfermedades cardiovasculares, hepáticas, tumorales y neurológicas, y comportamientos agresivos.

Con la colaboración de la Dra. Marta Busquets Romagosa,
especialista en nutrición y estética en la Consulta Dra. Marta Busquets.

Esta imagen, tan peligrosa como mentirosa, viene genial para exponer punto por punto, algunos de los mitos que se crearon para hacer perdurar en el tiempo una mentira de tanta magnitud.

Con gran descaro, nos quieren hacer creer que beber vino todos los días, lejos de crear una dependencia, es algo sano para nuestra salud, al parecer sin consecuencias negativas.

1- En primer lugar, esta imagen nos dice que gracias al vino tomado a diario, podremos obtener los antioxidantes que nuestro cuerpo necesita. Utilizan a la uva como excusa, entonces, si la uva tiene antioxidantes, ¡comamos uvas directamente!

2- Lejos de combatir la tendencia al sobrepeso, el consumo de vino puede provocarlo. Si tienes sobrepeso, acude a especialista, come sano y haz actividad física.

3- Si quieres una boca sana, asiste al dentista y aprende a cómo cuidar tu boca y tener una higiene adecuada.

4- En el punto 4 no se atrevieron a tanto, colocan la palabra "posiblemente". Si quieres agilidad mental, es preferible hacer juegos de ingenio o de mesa, antes que en la mesa esté el vino necesariamente cada día.

5- ¿Hace falta decir que no mejora los niveles de insulina? De hecho el consumo de alcohol está contraindicado para personas con diabetes.

El alcohol al ser depresor del SNC reduce la frecuencia cardíaca... De eso a "mejorarla" hay una larga distancia.

Por último, hay evidencias de que el consumo de alcohol puede generar problemas renales.

Debemos tener mucho cuidado con viejos mitos que se han creado con el objetivo de vender más, de mantener a los consumidores atados a un producto.

Decir que necesitamos beber vino cada día para obtener beneficios, es hacer apología a la dependencia, por ende a la adicción. Es querer mantenernos dependientes a una sustancia, poniendo en riesgo la salud de los consumidores.

¿Existe el uso simple de vino? Pues, claro, pero eso no significa beberlo a diario.

Palabras finales

Naturalizar el consumo de sustancias va de la mano de idealizar las drogas. Ambas acciones, son riesgosas y pueden traer consecuencias negativas.

Exceptuando los tratamientos médicos, las drogas nunca deben ser consideradas como necesarias para lograr un determinado fin. Esa función que la persona consumidora le adjudica a la droga debe serle devuelta a la persona, recuperando su poder personal que ha cedido en su consumo.

Los adolescentes, bombardeados con todo tipo de estímulos, pueden llegar a recibir un mensaje equivocado respecto al consumo de drogas. Ídolos populares y musicales divulgan el consumo, relacionan el consumo de drogas con la inspiración artística, la diversión, la noche, el disfrute. Esto puede facilitar un acceso tempano a las drogas, a la minimización de sus efectos y al consumo problemático.

Informarse a tiempo y de forma integral implica tomar el conocimiento necesario para decidir qué conductas tomar respecto a los consumos.

Contribuir a la construcción de un pensamiento adolescente crítico, coherente y saludable es el objetivo de este libro, sumando un grano de arena a la prevención del consumo de sustancias.

Sobre la autora

Melina Gancedo es Licenciada en Psicología, especialista en prevención y tratamiento de adicciones.

Egresada de la Universidad Nacional de La Plata, se ha desempeñado como psicóloga en A.D.A.R. servicio especializado en adicciones de Caritas La Plata y en la Comunidad Terapéutica Volver A Crear.

Brinda atención psicológica especializada en adicciones y desarrollo personal y dicta cursos virtuales de formación sobre adicciones y otros temas de Psicología.

Es autora de libros como:

"De Adicciones, Sustancias y Personas". RV Ediciones. (2018)

"Vivir después del dolor". RV Ediciones. (2020)

"Ser y Vivir a Conciencia. Mindfulness + Psicología (y un modo posible de tratar adicciones)" "

"Violencia de Género: 5 claves para identificarla"

"Tabaquismo: primeros pasos para dejar de fumar tabaco"

"Orientación Vocacional: Elegir a conciencia. Mucho más que elegir una profesión"

"Una adicción en la familia"

"Los otros objetos de la adicción. Acerca de cómo nos afecta la dependencia emocional"

"Curso en PDF: Entender las adicciones"

"Ludopatía, un juego que no es juego"

"Estrés laboral: riesgos y salud en jaque"

"Bullying: prevención y detección temprana"

"Psicoeducación de las emociones"

"Hábitos saludables para reducir el estrés y la ansiedad"

"4 claves para entender el alcoholismo"

"Yo, ¿a psicoterapia?"

"Guía para reducir la ansiedad de la vida cotidiana"

"Prevención de las adicciones en el trabajo"

"3 pasos para crear y mantener relaciones saludables"

Además colabora con artículos sobre adicciones y otros temas de psicología en revistas locales de la Ciudad de La Plata y sitios web.

Coautora del libro "Violencia y Maltrato" y compiladora del libro "Teoría y clínica en el

tratamiento de las Adicciones" (2019;
Ricardo Vergara Ediciones).

Mail: gancedomelina@gmail.com